Paul Stiel

Das Recht der Piraterie

Paul Stiel

Das Recht der Piraterie

ISBN/EAN: 9783954270866
Erscheinungsjahr: 2012
Erscheinungsort: Bremen, Deutschland

© maritimepress in Europäischer Hochschulverlag GmbH & Co. KG, Fahrenheitstr. 1, 28359 Bremen. Alle Rechte beim Verlag und bei den jeweiligen Lizenzgebern.

www.maritimepress.de | office@maritimepress.de

Bei diesem Titel handelt es sich um den Nachdruck eines historischen, lange vergriffenen Buches. Da elektronische Druckvorlagen für diese Titel nicht existieren, musste auf alte Vorlagen zurückgegriffen werden. Hieraus zwangsläufig resultierende Qualitätsverluste bitten wir zu entschuldigen.

Paul Stiel

Das Recht der Piraterie

Inhalt

I. **Geschichte des Piraterierechtes.**   1
  § 1. Einleitung.   1
  § 2. Piraterie unter staatlicher Autorität.   5
  § 3. Die private Piraterie.   14
  § 4. Reste kriegsrechtlicher Auffassung im geltenden Rechte.   26

II. **Die Grenzen zwischen Piraterie und Kaperei.**   40
  § 1. Quellen.   40
  § 2. Der Rechtszustand.   42
    1. Piraterie und Kaperei.   42
    2. Völkerrechtswidrige Autorisierung.   46
    3. Völkerrechtswidriges Verhalten des Kapers.   48
  § 3. Verwendung dem autorisierenden Staate nicht angehörender Kaper.   54

I. Geschichte des Piraterierechtes.

§ 1. Einleitung.

Die Entwickelung [1] des Zusammenlebens der organisierten menschlichen Verbände verläuft in der Richtung von einem die Verbände und ihre Angehörigen ergreifenden ständigen Kriegszustande zu einer friedlichen Gemeinschaft. Zwei Entwickelungsreihen stehen neben einander; der Krieg der Verbände wird zu einem Ausnahmezustande; und zugleich auf die organisierte Streitmacht der Kriegführenden beschränkt. [2]

Der Grund dieser Entwickelung ist die fortschreitende Anerkennung der menschlichen Persönlichkeit als eines Faktors von absolutem Wert. Der einzelne wird aus einer blossen Partikel des Verbandes, dessen Leben das seine völlig einschliesst, zu einem selbständigen Wesen, das jenseits der Schranken des Verbandes Interessen universeller Natur kennt und an dem Innenleben des Verbandes nur noch in einem seiner Eigenart entsprechenden Umfang, innerhalb dieses engeren Kreises aber mit grösserer Intensität teilnimmt. Zunehmende Extensität und Intensität der Persönlichkeit ist das Stichwort ihrer Entwickelung. [3]

Der absolute Wert der Persönlichkeit ist in die Welt des Rechtes durch die moderne Naturrechtsschule eingeführt worden. [4] Das Naturrecht verkündet die Anerkennung dieses absoluten Wertes als ein Prinzip des geltenden Rechtes. [5] In der Tat nur ein Prinzip für die Rechtsbildung, hat der Gedanke seitdem das innerstaatliche Recht umgestaltet und das Völkerrecht geschaffen. [6] Er ist der Ausgangspunkt des modernen Fremdenrechtes, das die rechtliche Grundlage der friedlichen wirtschaftlichen und kulturellen Beziehungen der Völker und damit der Kernpunkt des Völkerrechtes ist. [7]

In den Rahmen der Entwickelung des gegenseitigen Verhältnisses der menschlichen Verbände von dem Zustande dauernden Krieges zu dem eines prinzipiellen Friedens fügt sich das historische Piraterierecht ein. Dabei müssen zwei Formen unterschieden werden: unter staatlicher Autorität betriebene und private Piraterie.

FUßNOTEN:

[1] Wir verstehen unter Entwickelung ein zeitliches Nacheinander einander ersetzender Tatbestände. Die Verwendung

des oft missbrauchten Wortes in diesem Sinne dürfte unbedenklich sein.

[2] Die Behauptung von La Mache, La guerre de course, 1901, S. 134 f., die Wiedereinführung der Kaperei liege im Zuge der Entwickelung, ist nur aus der Tendenz der Schrift zu erklären.

[3] Damit soll nicht etwa der Anschauung beigetreten werden, die die neuere Entwickelung auf dem Wege zur Vollkommenheit sieht. Der Extensität des modernen Menschen entspricht seine Oberflächlichkeit; der Intensität die Arbeitsteilung, das Spezialistentum.

[4] Schon früher, ohne wesentlichen Erfolg, durch das christliche Naturrecht. In dem Christentum findet der ganze Gedanke vielleicht, wie seine kräftigste Stütze, so auch seinen historischen Ausgang. Die unmittelbare Verbindung des christlichen mit dem modern-naturrechtlichen Gedankenkreise stellt Grotius dar.

[5] Ein, wie es meint, natürliches, deshalb von je bestehendes Prinzip. Die in unmittelbarem Zusammenhang mit der Auffassung stehende Streitfrage über den »Naturzustand« des Menschenge-

schlechts interessiert hier nicht (s. namentlich Pufendorf, De iure naturae et gentium L. II, C. II,»de statu hominum naturali«). Der Text behandelt nur die historischen Verhältnisse zwischen organisierten Verbänden.

[6] Der ideelle Zusammenhang des Naturrechts und des Völkerrechts ist historisch in der Person des Grotius verkörpert. Schon die Vorrede des »mare liberum« trägt einen für beide Rechtsteile programmatischen Charakter. Der Grundgedanke ist: »Omnes naturalem inter se societatem esse atque cognationem.«

[7] Vgl. auch F. v. Martens, Völkerrecht. Deutsche Ausgabe, Vorwort, ferner I S. 25 und sonst. Diese Betrachtungsweise nötigt aber nicht, mit v. Martens (I S. 325 f.) den einzelnen Menschen als Träger von mit der menschlichen Persönlichkeit untrennbar verbundenen Urrechten und gar als internationales Rechtssubjekt anzuerkennen. Die Form des völkerrechtlichen Schutzes der Persönlichkeit ist die wechselseitige Berechtigung und Verpflichtung der Staaten.

§ 2. Piraterie unter staatlicher Autorität.

Der dauernde Kriegszustand zwischen den Staaten erlaubt diesen und jedem ihrer Angehörigen, dem anderen und seinen Angehörigen jeden möglichen Schaden zuzufügen.

Ueber diesen Zustand ist das Altertum nicht hinausgekommen. Moralische Vorstellungen, wirtschaftliche Bedürfnisse, die politischen Machtverhältnisse [8] mögen ihn tatsächlich gemildert haben; aber juristisch haftet noch nach dem Rechte der Digesten dem Raubstaatentum kein Makel an. Wenn auch die Römer selbst staatliche oder staatlich autorisierte Piraterie nur zur Erreichung politischer Zwecke betrieben zu haben scheinen, so erkennen sie doch auch ihre gewerbsmässige Ausübung als ein rechtliches Mittel des Völkerkampfes an; Raubstaaten sind hostes, rechtmässige Feinde. [9]

Die praktische Bedeutung der Anschauung besteht fast ausschliesslich darin, dass das römische Postliminialrecht auch im Verhältnis zu Raubstaaten Anwendung fand.

In der germanischen Welt herrschten anfänglich dieselben Rechtsüberzeugungen. Der Fremde ist rechtlos. [10] Von der öffentlichen Gewalt organisierte oder autorisierte

Raubzüge sind ruhmeswürdige Unternehmungen. Davon ist Sage und Geschichte voll. [11]

Das Christentum begründet dann zum ersten Mal in der Geschichte eine internationale Friedensgemeinschaft. [12] An die Staaten tritt die Anforderung heran, in Anerkennung der Persönlichkeit des Fremden Angriffe auf ihn und sein Gut zu unterlassen und seine Angehörigen an ihrer Verübung zu hindern. Das Wesentliche des Vorgangs ist aber nicht die Unterdrückung der Piraterie, sondern die Umkehrung des Verhältnisses von Krieg und Frieden. Aus der Regel wird eine Ausnahme, aus der Ausnahme die Regel. Die Abolition der Piraterie in Friedenszeiten ist eine blosse Konsequenz des Wandels der Gesamtanschauung; [13] in Kriegszeiten besteht sie nach wie vor. [14] Erst mit dem 14. Jahrhundert nimmt die Piraterie der Untertanen die Rechtsform der Kaperei an. [15]

Die internationale Friedensordnung des Mittelalters und des Anfangs der Neuzeit beschränkt sich auf die Christenheit. Zwischen ihr und den mohammedanischen Staatswesen dauert das Verhältnis ununterbrochenen Kriegszustandes rechtlich und faktisch bis in das 16. Jahrhundert allgemein, bis in das 19. zwischen einzelnen Gliedern beider Kulturwelten fort. [16]

Die in der älteren Litteratur viel erörterte Frage, ob die Barbareskenstaaten als Piraten oder als rechtmässige Kriegsfeinde zu betrachten seien, hat eine einmütige Beantwortung nicht finden können, [17] weil die Fraugestellung irreführend ist. Ihre Piraterie ist eine aus vergangener Zeit in das moderne Völkerrecht hineinragende Erscheinung, die sich seinen Begriffen nicht einfügt. Die Praxis hat weder das moderne Kriegsrecht auf die Barbaresken angewendet, noch sie als Piraten behandelt. Die Beziehung der feindlichen Mächte steht unter altem Fremdenrecht, jus postliminii nach der romanistischen Wissenschaft. [18][19] Dieser Rechtszustand ist seit dem 16. Jahrhundert dadurch kompliziert, dass eine Reihe europäischer Mächte ihre Beziehungen zu den Raubstaaten vertraglich regelte, andere einseitig ihnen gegenüber moderne Rechtsgrundsätze zur Anwendung brachten.

Innerhalb der christlich-europäischen Welt haben sich noch bis in die neuere Zeit Fälle faktischer Begünstigung der Piraterie durch staatliche Massnahmen ereignet. Doch war man stets bestrebt, einen formellen

Bruch mit den Prinzipien des jeweils geltenden Rechtes zu vermeiden. [20]

FUßNOTEN:

[8] Krieg Roms gegen die Illyrier 229 v. Chr. Späterhin stehen die Küsten des Mittelmeers restlos unter römischer Herrschaft.

[9] Vgl. Grotius, De iure belli ac pacis L. III, C. III § 2.

[10] Brunner, Deutsche Rechtsgeschichte I S. 273; Heusler, Instit. d. deutschen Privatrechts I S. 144 f.

[11] Pardessus, Collection de lois maritimes, I S. 15: »C'était la conséquence naturelle de l'état habituel d'hostilité dans lequel une civilisation imparfaite plaçoit les peuples«; s. auch S. 33.

[12] In dieser sind freilich die Staaten nur als Provinzen gedacht.

[13] Das Landesrecht gewährt nunmehr auch Fremden Rechtsgüterschutz. In Norwegen erfolgte ein landesrechtliches Verbot der Piraterie scheinbar zum erstenmale im Gulathing von 940 (Pardessus a. a. O. III S. 22). Doch kommen noch Raubzüge bis ins elfte Jahrhundert vor.

[14] Die nachmalige Durchführung des Schutzes der Privatpersonen und ihres Eigentums auch im Kriege ist nur für den Landkrieg vollständig gewesen. Zur See blieben die Privatpersonen Subjekt, ihr Eigentum Objekt der Kriegführung.

[15] D. h. es wird eine spezielle und meist auch formelle (Kaperbrief) Autorisation vorgeschrieben. Vgl. G. F. v. Martens, Versuch über Kaper § 5 (die dort zitierte französische Ordonnanz ist nicht von 1400, sondern vom 3. Dezember 1373, s. Travers Twiss, Black Book of the Admiralty Einl. S. LXXVI; auch schon Pardessus IV S. 224). Weitere Bestimmung aus älterer Zeit: Statut von Cataro, 14. Jahrhundert, Kap. 400. Teilweise noch weiter zurückreichend findet sich die (seit dem 17. Jahrhundert für Kaper allgemein geltende) Vorschrift der Hinterlegung einer Bürgschaft durch ausgehende Schiffe (cautio de non offendendis amicis), ohne dass eine spezielle Erlaubnis zur Wegnahme feindlicher Schiffe schon notwendig wäre; s. Pisanisches Breve curiae maris von 1298 Kap. 24, Genuesische Statuten von 1313 und 1316 (Pardessus IV S. 440); nur für auf

Piraterie ausgehende Schiffe Sizilisches Gesetz von 1399 Art. 3 (Pardessus V S. 257), Aragonische Ordonnanzen von 1288, 1330, 1356. Art. 1 cit. sizilischen Gesetzes von 1399: »naues, quae ad piraticam exercendam armantur«; »mos piraticus« auch später noch für die zum besonderen Rechtsinstitut gewordene Kaperei.

[16] Der Krieg gegen die Ungläubigen ist nach mohammedanischer Auffassung durch Rechtsvorschrift divini iuris geboten. Die Kirche betont dagegen, dass der Unglaube kein Grund zum Kriege sei; ihre Forderung des Friedens ist universell; aber die Eroberer vormals christlicher Länder sind von ihr ausgeschlossen; vgl. die Darstellung bei Grotius, mare liberum Kap. 4.

Dauernder Krieg zwischen Spanien und Algier bis zum Vertrage vom 14. Juni 1786; der Mehrzahl der italienischen Staaten und Algier, Tunis, Tripolis bis ins 19. Jahrhundert (Herrmann, Ueber die Seeräuber im Mittelmeer, 1815, S. 185 f.); und namentlich des Johanniterordens gegen die ganze mohammedanische Welt, Carsten Niebuhr, Reisebeschreibung nach Arabien, 1774 I. S. 18:

»Man kann es daher den Mohammedanern nicht verdenken, wenn sie eben das von den Maltesern denken, was wir Maroccanern, den Algirern, Tunesern und Tripolitanern Schuld geben. Diese Barbaren leben doch wenigstens mit verschiedenen christlichen Nationen in Freundschaft; die Malteser Ritter aber mit keiner Mohammedanischen.«

Im schwarzen Meere führen Christen, polnische Untertanen, noch im 17. Jahrhundert einen ständigen Raubkrieg zur See gegen die Türken (Dan, Histoire de Barbarie, 2. Aufl. 1649 S. 10; dem Autor ist die Rechtmässigkeit ihrer Handlungen selbstverständlich, »ils ne les font que contre les ennemis de la foy«).

[17] Sie sind nicht Piraten nach Bynkershoek, Quaest. Iur. Publ. L. I C. XVII; zustimmend u. a. Kent, Int. Law 2. Aufl. S. 406 f., Pardessus I S. 33. Für Piraten halten sie u. a. Vattel, Le droit des gens II, VI § 78; Ortolan, Règles internationales et diplomatie de la mer 1853 I S. 252; Pradier-Fodéré, Droit international § 2492.

[18] So auch Bynkershoek a. a. O.: »Piratae non sunt, sed Civitates, quae certam

sedem, atque ibi Imperium habent.« Daraus folge die Anwendung des ius postliminii. Wenn er sie daraufhin als rechtmässige Feinde ansieht, so erklärt sich dies aus seiner Anschauung, dass es nach geltendem Rechte (»quod contra quemlibet hostem recte exercetur«, a. a. O.) noch zulässig sei, Kriegsfeinde zu Sklaven zu machen, wenn eine solche Rechtsübung auch »moribus plerarumque Gentium nunc exolevit« (Quaest. Jur. Publ. L. I C. III; vgl. auch Grotius III, VII § 9).

[19] Gefangene »Sarazenen«, »Mauren«, »Türken« werden Sklaven, Bynkershoek a. a. O. C. XVII: »Solent et Belgae eos captos in Hispaniam advehere et ibi, iure talionis, in servitutem vendere«, ein solcher Verkauf in amtlichem Auftrage noch 1661 (C. III a. a. O.); Art. 1 des französisch-algerischen Vertrages von 1628 sichert den aus Algier feindlichen Ländern nach Frankreich geflüchteten versklavten Algeriern freie Rückkehr in die Heimat zu; Kap. 32 der dem Consolato del mare angehängten Regeln über die Kaperei (14. Jahrhundert) gewährt dem Kapitän von jedem verkauften Sarazenen einen Byzantiner (Goldsolidus),

vgl. auch Art. VII sizil. Gesetzes von 1399 (Pardessus V S. 257) und die Siete Partidas von 1266, partida V, titulo IX, ley 13; auf den Galeeren der Malteser befinden sich noch 1761 gefangene Mohammedaner als Sklaven, Carsten Niebuhr a. a. O. S. 18. Das Vermögen der Ungläubigen unterliegt der Wegnahme durch jedermann; gegen sie bleibt die Piraterie zulässig, so die oben Note 15 cit. Pisanischen, Genuesischen, Sizilischen, Aragonischen Statuten, ferner Art. VII der Florenzer Capitoli pel viaggio di Barberia etc. aus dem 16. Jahrhundert (Pardessus IV S. 594 und 564) und c. 3 X. V, 17, die sämtlich nur zum Schutze von »amici« und »fideles« bestimmt sind. Ihnen gehöriges Gut ist dem Strandrecht verfallen, Const. Friedrichs II. vom 22. Nov. 1220 § 8 = auth. Navigia Cod. 6,2 const. 18 (»nisi talia sint navigia, que piraticam exerceant, aut sint nobis, vel Christiano nomini inimica«, Text nach Mon. Germ. Hist. LL Sect. IV Bd. 2 S. 109); c. 3 X. V, 17; Portug. Gesetzbuch vom Ende des 15. Jahrhunderts Buch II Titel XXII a. E. (bei Pardessus VI S. 311); Rôles d'Oléron Art. 45 Abs. 2: »Car alors, s'ilz sont pyrates, pilleurs, ou escumeurs de mers, ou

Turcs et autres contraires et ennemis de nostredicte foy catholicque, chascun peut prendre sur telles manieres de gens, comme sur chiens, et peut l'on les desrobber et spolier de leurs biens sans pugnition«; derselben Ansicht Schuback 1751 S. 203 f. Dieser ganze Rechtszustand ist in Spanien und Portugal bis in's 19. Jahrhundert bestehen geblieben, vgl. Pardessus VI S. 13 und 310.

[20] Selbst die Verbindung Albrechts von Mecklenburg mit den Viktualienbrüdern Ende des 14. Jahrhunderts, Frankreichs mit den Bukaniern im 17. Jahrhundert geschah in rechtlich zulässiger Form; s. auch G. F. v. Martens, Kaper S. 23 und § 8.

§ 3. Die private Piraterie.

Von der staatlich autorisierten Piraterie, einer alten Form des Lebens der Völker, ist von je die Piraterie als Unternehmen einer ohne alle Beziehung zu einem staatlichen Verbande auf eigene Faust handelnden Personenvereinigung unterschieden worden. Die Reaktion gegen die erste Form ist der Krieg, [21] die Bekämpfung der zweiten ist

Aufgabe der Sicherheitspolizei und der Strafrechtspflege. [22]

Die Grenzziehung zwischen beiden Formen stösst auf keine theoretischen Schwierigkeiten. Die Grenze ist durch den Staatsbegriff gegeben. Die Entscheidung im Einzelfalle mag, da auch das private Unternehmen immer eine fest verbundene Personenmehrheit voraussetzt, einem Geschichtsschreiber der Piraterie oft nicht leicht werden. [23] Der gesicherte Bestand des modernen Staatensystems ermöglicht sie ohne Mühe.

Aber so wahr es ist, dass gegen die nicht staatlich organisierte Piraterie nicht Krieg geführt wird, dass Piraten nicht hostes sind, [24] so sehr ist zu betonen, dass der Tatbestand niemals als ein nur krimineller erscheint. Das historische Piraterierecht enthält eine Reihe von Elementen, deren Heimat nicht das Strafrecht, sondern das alte Fremdenrecht ist, und bildet insoweit ein Analogon des Kriegsrechts, das auch seinerseits ganz im Fremdenrecht wurzelt.

Wenn es in der Litteratur gang und gäbe ist, die Piraten als hostes humani generis zu bezeichnen, so ist dies in den meisten Fällen nicht mehr als eine Floskel; die vereinzelt sich findende Bestimmung des right of search gegen Piraten als eines war right [25] ist ohne Zweifel unrichtig, in beidem aber mag man Nachwirkungen alten positiven Rechtes erblicken.

Das römische Recht erkennt Piraten nicht als hostes an (s. Note 24). Der Sinn dieses Satzes ist, dass das jus postliminii ihnen gegenüber nicht gilt. Sie erwerben an den in ihre Hände gefallenen Sachen und Personen kein Eigentum. Der Inhalt des Satzes ist lediglich negativ, eine positive Bestimmung, dass sie nach Strafrecht und Strafprozessrecht zu behandeln seien, enthält er nicht. So ist denn auch das Vorgehen der Römer bei ihren grossen Expeditionen gegen die Piraterie lediglich durch Zweckmässigkeit, nicht durch Rechtsgrundsätze bestimmt. [26] Ob und inwieweit in dem täglichen Kleinkampf gegen das Unwesen strafrechtliche Gesichtspunkte massgebend waren, ist aus den Quellen nicht ersichtlich. [27]

Im Seerechte des Mittelalters soll nach der gewöhnlichen Angabe der Litteratur der Pirat rechtlos gewesen sein; jeder habe ihn angreifen, seines Eigens und Lebens berauben dürfen. [28] Eine solche vollkommene Rechtlosigkeit des Piraten aber hat, wenn überhaupt, nur vorübergehend und vereinzelt bestanden. Schon das Recht des 14. Jahrhunderts widerspricht der Lehre. [29] Welchen Sinn hätte es, Strafen festzusetzen und Gerichtszuständigkeiten zu bestimmen für Wesen, die einer Rechtspersönlichkeit nicht teilhaftig sind?

Seine Erklärung findet der so häufig ausgesprochene Satz darin, dass tatsächlich einige ältere Autoren die Rechtlosigkeit der Piraten als geltendes Recht darstellen. [30]

Sie stützen sich dabei auf zwei Bestimmungen des kanonischen Rechtes, von denen jedoch der einen, c. 3 X. V, 17 de raptoribus, [31] nur kirchliche Bedeutung zukommt, die andere, c. siquis 6 Causa 23 quaest. 3, [32] aber niemals in praktischer Geltung gestanden hat und stehen kann; und auf die auth. Navigia C. de furtis (c. 18 C. 6, 2), der in der Tat nur eine sehr viel engere Bedeutung zukommt (s. unten Note 37 und oben Note 19). Die Lehre ist eine der doktrinären und vorübergehenden Aufstellungen, die die Rezeption im Gefolge hatte.

In Wahrheit sieht das ältere Recht in dem Piraten ebensowenig einen Rechtlosen, einen Fremden oder Feind im alten Sinne, wie einen rechtmässigen Kriegsfeind. Die im Piraterierecht tatsächlich enthaltenen kriegsrechtlichen Bestandteile sind vereinzelt und genau umgrenzt; das Verhältnis ist das, dass einem grundsätzlich polizeilichen und kriminellen Tatbestande einzelne Elemente kriegsrechtlichen Charakters anhaften. Folgende Punkte kommen in Frage.

1. Das Verbot der Piraterie schützt lange Zeit nur die Schiffe des eigenen und befreundeter Staaten. Zu den Feinden in diesem Sinne zählt man auch die Piraten. Fahrzeuge der »Feinde, Türken und Piraten« können weggenommen werden. [33] Eine spezielle Anwendung dieser Möglichkeit bildet die bei Gelegenheit der Regelung der Rückerstattungs- und Entschädigungsansprüche in zahlreichen älteren Gesetzen, auch den Hanserezessen, erwähnte Wiederabnahme geraubten Gutes durch Private.

2. Auch nach dem Aufkommen der noch dem heutigen Rechte angehörenden Rechtsformen der Bekämpfung des Feindes zur See stehen Piratenschiffe feindlichen Schiffen gleich. Sie stehen wie diese unter Prisenrecht. [34]

3. Eine Recousse durch einen Piraten gibt ihm kein Recht auf einen Anteil. [35]

4. Am klarsten ergibt sich die Hinneigung des Piraterierechtes zum Fremdenrecht aus den Rechtsregeln über das Strandrecht,

in denen altertümliche Rechtsanschauungen sich nicht nur in diesem Punkte erhalten haben. Dem Strandrecht sind ursprünglich alle Fremden mit Leib und Gut verfallen. [36] Die es im Laufe des späteren Mittelalters unterdrückenden kaiserlichen, kirchlichen und einzelstaatlichen Gesetze lassen es gegen »Feinde, Türken und Piraten« bestehen; die Bestimmung ist nicht eigentlich eine Ausnahmebestimmung gegen diese Personenklassen, sondern ein blosses Unberührtlassen des alten Rechtszustandes. [37]

FUßNOTEN:

[21] S. o. § 2. Grotius L. II C. XX § 40 sieht in ihr einen gerechten Kriegsgrund.

[22] Vgl. Pardessus I S. 33.

[23] In den Anfängen der historischen Zeit verschwimmen die Grenzen ganz. Grotius III, III § 2 bezieht Odyssee XIV Vers 85-89 sicher zu Unrecht nur auf staatliche Piraterie, die Unterscheidung ist der Stelle fremd. Vgl. auch Mommsens lebendige Schilderung des Seeräubergemeinwesens im östlichen Mittelmeer, 1. Jahrh. v. Chr., Röm. Geschichte III 8. Aufl. S. 43 f. (»Wenn auf die Fahne dieses Staates die Rache an der bürgerlichen Gesellschaft geschrieben war, die,

mit Recht oder mit Unrecht, seine Mitglieder von sich ausgestossen hatte, so liess sich darüber streiten, ob diese Devise viel schlechter war als die der italischen Oligarchie und des orientalischen Sultanismus, die im Zuge schienen, die Welt unter sich zu teilen«). Ueber die straffe Organisation der Bukaniere s. Andree Geogr. des Welthandels I S. 358 f.

[24] Pomponius l. 118 D. de verborum sign. 50, 16; Ulpianus l. 24 D. de captivis 49, 15; Paulus l. 19 § 2 D. eodem. Grotius III, III, § 1 f., II, XVIII, § 2 (zu beachten seine Terminologie, bellum iustum sive solenne, wahrer Krieg, und bellum in einem weiteren Sinne, II, I, § 2 »ubi judicia deficiunt, incipit bellum«). Von neueren statt anderer Th. S. Woolsey, Right of search S. 16: »There is no more war than there is between a gang of ruffians in Oklahoma and the United States. It is simply a detail of naval policy duty.«

[25] Th. D. Woolsey, Introduction to the study of international law 6. Aufl. S. 366.

[26] Beweis hierfür ist die Geschichte. Handeln der Staaten nach reiner Zweckmäs-

sigkeit ist eine auch dem modernen Rechte nicht fremde Erscheinung; so fehlt es für die Beziehungen zu Naturvölkern in vielen Fällen an jeder Regel völkerrechtlicher oder landesrechtlicher Natur.

[27] In Frage kommen: Actio vi bonorum raptorum, Privatstrafklage, D. 47, 8. Daneben kriminelle Bestrafung auf Grund der leges Juliae de vi; Mommsen, Röm. Strafr. S. 661 N. 5, schliesst aus mehreren Angaben, dass als Ergebnis einer längeren Entwickelung die vis in dem ganzen Umfange der actio vi bon. rapt. kriminell bestraft wurde; Strafe s. Mommsen S. 659 N. 4 und ferner D. 48, 19 l. 28 § 10. In l. 3 § 6 D. ad legem Juliam de vi publica 48,6 ist der Fall der Dejektion von einem Schiffe besonders genannt. Eine Spezialstrafbestimmung gegen Piraten überhaupt fehlt.

Es gibt spezielle Bestimmungen über Eigentumsverletzungen »bei Gelegenheit einer allgemeinen Kalamität«, Mommsen S. 662, und zwar besteht eine Privatstrafklage, D. 47, 9 (de incendio ruina naufragio rate nave expugnata) und l. 4 D. 47, 8 (turba) und für dieselben Tatbestände spezielle kriminelle

Vorschriften, Ulpianus l. 1 § 1 D. 47, 9 »et quamquam sint de his facinoribus etiam criminum executiones ....« Diese Stelle bezieht sich auf Paulus Sent. V, 3 § 1 u. 3 (turba). Marcianus l. 3 § 1 D. ad leg. Jul. de vi publ. 48, 6 (incendium) und Marcianus l. 1 § 1 D. ad leg. Jul. de vi priv. 48, 7 (naufragium). Dass die beiden letzteren Stellen nicht in die leges Juliae gehören, wohin sie in den Digesten geraten sind, ist in der kurzen Note Mommsens nur Behauptung. Es folgt aus Ulpianus l. 3 § 4 D. 47, 9 (»non solum autem qui rapuit, sed et qui abstulit vel amovit vel damnum dedit vel recepit, hac actione tenetur«) in Verbindung mit Ulpianus l. 1 § 1 D. 47, 9. Denn die leges Juliae verlangen vis.

Dieser ganze Komplex von Bestimmungen trifft aber nicht die Piraterie, sondern nur bei Gelegenheit derselben von dritter Seite verübte Handlungen. So auch Mommsen S. 662. Unrichtig Stypmannus, Jus maritimum 1652, in dem Scriptorum de iure nautico Fasciculus des Heineccius (Halle 1740) S. 577.

[28] Diese angebliche Rechtlosigkeit entspräche weder der »Friedlosigkeit« noch der »Rechtlosigkeit« im technischen Sin-

ne. Die Behauptung geht vielmehr dahin, dass der Pirat ausserhalb des schützenden Verbandes stehe, demnach das alte Fremdenrecht auf ihn Anwendung finde.

[29] Französ. Ordonnanz vom 7. Dez. 1373 ordnet ein summarisches Verfahren gegen Piraten an, Zuständigkeit des Admirals (Text bei Travers Twiss, Black Book I S. 432). In England ist der Admiral zur Bestrafung der Piraten zuständig schon nach dem ersten Zusatzartikel zu der »Inquisition taken at Quinborough« von 1375 (selbst aus etwas späterer Zeit, vgl. Travers Twiss Einl. S. 71. Text ebenda I S. 148) und nach den späteren »Articuli magistri Rowghton de officio Admiralitatis« (Travers Twiss I S. 221, 222). Ferner Strafbestimmungen gegen Piraterie in den Statuten von Cataro, 14. Jahrhundert, und von Sassari, 1316, Teil III Kap. 49. Das Consolato del mare Kap. 245 bestimmt (Text nach der Uebersetzung von Pardessus): »Mais, s'il est prouvé qu'il a armé pour porter dommage à quelque personne nommément, ou à quiconque seroit rencontré par lui, et dans la vue de commettre des hostilités, de quelque manière qu'il

amène un navire avec ou sans marchandises, qu'il l'ait pris aux ennemis, ou qu'il l'ait trouvé comme il a été dit, il ne doit rien en avoir, le tout doit être rendu au légitime propriétaire. Ceux qui out armé de cette manière doivent être arrêtés et mis au pouvoir de la justice, afin qu'on procède envers eux comme envers des voleurs, si les faits ci — dessus sont prouvés«; wenn auch der in Satz 1 beschriebene Tatbestand sich nicht durchaus mit dem der Piraterie deckt, so ist doch zu erkennen, dass dem Consolato die Rechtlosigkeit der Piraten fremd ist.

[30] Schuback, Commentarius de iure littoris 1751 S. 203: »Piratam, tamquam hostem, quin occidere liceat, nullum est dubium; an igitur contra naturam erit, spoliare eum, quem honeste est necare?« Stypmannus a. a. O. S. 578.

[31] Conc. Later. III, 1179; bedroht mit excommunicatio latae sententiae Piraterie und Strandraub gegen Christen.

[32] Der Kanon erklärt die Verletzung von Räubern für straflos, wenn sie dadurch zu weiterer Begehung von Verbrechen unfähig gemacht werden.

[33] So die Note 15 cit. Pisanischen, Genuesischen, Sizilischen, Aragonischen Bestimmungen. Ferner Statut von Rimini von 1303 L. III, 56 (Pardessus V S. 113): »Statutum et ordinatum est quod nullus in districtu Arimanis navem aliquam expugnet, vel depredat nisi fuerit piratae vel inimicorum Arimini.«

[34] Französ. Ordonnanz von 1681 Buch III Tit. IX; englische »Act toprevent the delivering up of merchants shipps« von 1664.

[35] Consolato del mare Kap. 245, s. o. N. 29.

[36] Brunner, Deutsche Rechtsgesch. I S. 273 N. 1; vgl. auch Const. Crim. Carolina Art. 218. Es ist eine der populärsten Tatsachen der Rechtsgeschichte; die Erzählung von der Gefangennahme Harolds durch Guy von Abbeville nach seiner Strandung an der Küste von Ponthieu und seines Loskaufes durch Herzog Wilhelm ist durch die schöne Litteratur sehr bekannt geworden.

[37] Auth. Navigia Cod. 6,2 const. 18 (Text oben N. 19); das Fehlen der Bestimmung in anderen kaiserlichen Konstitutionen im übrigen gleichen Inhalts (Friedrichs I. vom 4. Dez. 1177, Heinrichs VI. von

1196, Friedrichs II für Sizilien von 1231) ist wohl zufällig. Die cit. Auth. in Frankreich eingeführt durch Ludwig den Zänker 1315 (Pardessus V S. 253 N. 2). Ferner Rôles d'Oléron Art. 45 Abs. 2 (Text oben N. 19). Portug. Gesetzbuch vom Ende des 15. Jahrh. Buch II Titel XXII a. E. (Pardessus VI S. 311). Vgl. namentlich auch Schuback a. a. O. S. 203 f. Nach dem Gesetze Karls XI. von Schweden 1667 Teil V Kap. 1 (Pardessus III S. 169) ist das Piraten gehörige Strandgut dem König verfallen; so auch französ. Ordonnanz von 1681 Buch IV Tit. IX Art. 18; letztere Bestimmung ist noch in Geltung. Den modernen Strandungsordnungen ist die ganze Ausnahme unbekannt.

§ 4. Reste kriegsrechtlicher Auffassung im geltenden Rechte.

1. Aufgebrachte Piratenschiffe unterliegen in einzelnen Ländern ganz, [38] in anderen in einzelnen Beziehungen [39] prisenrechtlicher Behandlung. Die Differenz dieses Rechtszustandes von dem solcher Staaten, die über das Schicksal des Piratenschiffes lediglich die strafrechtlichen Regeln über die Einziehung entscheiden lassen, ist eine nicht

bloss formelle, da ihm zufolge der Verlust des Eigentums nicht an einen kriminellen Tatbestand geknüpft ist. [40]

2. Die Aburteilung der piratischen Akte gehört in mehreren Staaten zur Zuständigkeit der Militärgerichte. [41] Dass diese Regelung nur als historische Reminiszenz, nicht als aus sachlichen Erwägungen hervorgegangen, zu erklären ist, ergibt sich mit Sicherheit aus ihrer näheren Ausführung im französischen und österreichischen Rechte. [42] Dagegen beruht die vereinzelt bestehende Kompetenz des höchsten Landesgerichtshofes auf politischen, [43] die historische Zuständigkeit der Admiralität [44] auf lokalen und technischen Rücksichten.

3. Die Strafdrohungen gegen piratische Akte zeichnen sich allgemein durch eine aussergewöhnliche Härte aus. Doch erklärt sich diese angesichts der ungemeinen Schädlichkeit der Piraterie für das Wirtschaftsleben und der ihr zu Grunde liegenden gesellschaftsfeindlichen Gesinnung zur Genüge aus rein kriminalpolitischen Erwägungen. Nur das österreichische Recht, das von der Kriegsmarine eingebrachte Seeräuber unterschiedslos mit dem Tode bestraft und die Berücksichtigung der besonderen Erscheinungsform des Verbrechens, Täterschaft o-

der Teilnahme, Vollendung oder Versuch, ausdrücklich abweist, [45] scheint der Auffassung des Piraten als eines nicht durch die Kriegsgesetze geschützten Feindes nicht ganz fern zu stehen, zumal gegen Seeräuber, deren man auf andere Weise als mit Hilfe der Kriegsmarine habhaft geworden ist, die wesentlich milderen Vorschriften der allgemeinen Strafgesetze Anwendung finden (StGB. § 190 f.). Aehnlich drakonische Bestimmungen des englischen und amerikanischen Rechtes sind in neuerer Zeit beseitigt worden. [46]

4. Eine in der Litteratur sehr verbreitete Meinung lehrt, es bestehe als Korrelat der Feindschaft des Piraten gegen das Menschengeschlecht eine Befugnis jedes Handelsschiffes ihn — ohne staatliche Ermächtigung — gefangen zu nehmen und unter gewissen Voraussetzungen sogar zu bestrafen. Diese Lehre ist zweifach unrichtig; eine solche Befugnis gibt es nicht; wenn es sie aber gäbe, so wäre sie nicht als eines der konservierten kriegsrechtlichen Elemente des Piraterierechtes zu verstehen.

Eine kurze Betrachtung der Wurzel der Lehre scheint der geeignetste Weg sie zu widerlegen. Sie geht auf Grotius zurück: »Manet tamen vetus naturalis libertas, primum in locis, ubi judicia sunt nulla, ut in mari. ... Idem locum habebit in locis desertis, aut ubi Nomadum more vivitur« (De iure belli ac pacis L. II, XX, 8). Bei Pufendorf kehrt sie wieder: »Ab extraneo autem, si quis in ejusmodi loco [qui ad nullum civitatem pertinet] invadatur, non prohibetur ... ad extremum eundem persequi, ubi praevaluerit« (De iure naturae et gentium L. VIII C. VI § 8). Der Inhalt ihrer Ausführungen ist, wie man sofort ersieht, kein anderer, als der alte und wahre Satz, dass, wo die Hilfe des Rechtes versagt, die eigene Kraft Schutz und Rächer ist, angewendet auf die lokale Begrenzung der Rechtsmacht. Nicht die Nichtzugehörigkeit des Gegners zu dem schirmenden Rechtsverbande, sondern dessen Nichterstreckung auf den Schauplatz des Vorfalls rechtfertigt die Anwendung privater Gewalt. Hiernach ist die Frage nach der Zulässigkeit privater Bestrafung der Piraten durch den jeweiligen positiven Umfang des Selbsthilferechtes bestimmt.

Ob ein solches Selbsthilferecht bestehe, war schon Grotius für seine Zeit nicht unzweifelhaft. Für einen Christen, lehrt er, sei es bedenklich, [47] »poenam sumere de improbo quoquam, praesertim capitalem, quanquam id jure gentium nonnunquam permitti diximus: unde laudandus est mos eorum populorum, apud quos navigaturi instruuntur mandatis a publica potestate ad persequendos piratas si quos in mari repererint: ut data occasione uti possint, non quasi ausu suopte sed ut publice jussi« (L. II, XX, 14). [48]

Der wenig jüngere Loccenius steht nicht an, den Inhalt dieses den Staaten erteilten Rates als geltendes Recht darzustellen (de jure maritimo, 1651, S. 963; in dem von Heineccius herausgegebenen »Scriptorum de iure nautico Fasciculus«, Halle 1740). Damit ist das Selbsthilfeverfahren durch ein öffentliches Verfahren ersetzt. In demselben Augenblicke tritt die Befugnis der autorisierten Handelsschiffe zur faktischen Ergreifung der Piraten in den Vordergrund, die bisher neben dem Rechte der Bestrafung als etwas Selbstverständliches keine Hervorhebung fand (siehe Grotius und Pufendorf im Text); die Strafverhängung bleibt den Gerichten vorbehalten. [49]

Es muss angenommen werden, dass der modernen Litteratur, soweit sie ein Recht der privaten Bestrafung der Piraten annimmt, [50] der Gedanke des Selbsthilferechtes, wenn sie die Zulässigkeit der privaten Ergreifung lehrt, [51] die Voraussetzung einer dahin gehenden staatlichen Autorisation zu Grunde liegt. Da nun Selbsthilferechte wie obrigkeitliche Befugnisse einzelner Personen nur aus der innerstaatlichen Rechtsordnung abgeleitet werden können, so ist klar, dass die ganze Frage eine rein landesrechtliche ist. [52]

Durch diese Erkenntnis löst sich die Frage der Befugnis der Kauffahrteischiffe zur Ergreifung und Bestrafung von Piraten im geltenden Rechte dahin, dass die Behauptung eines solchen Rechtes als eines Bestandteiles des allgemeinen Völkerrechtes unzutreffend ist, nicht minder aber die der allgemeinen Nichtexistenz [53] derartiger Befugnisse. Das Landesrecht kann Selbsthilferechte verleihen und die Ausübung polizeilicher Befugnisse übertragen, wem ihm gut scheint. Eine Vergleichung des deutschen und des nordamerikanischen Rechtes beweist die Positivität der entwickelten These; dem einen [54] ist die Autorisierung von Handelsschiffen zur Verfolgung von Piraten fremd; das andere [55] lässt sie zu. [56]

FUßNOTEN:

[38] So Frankreich, arrêté du Gouvernement (Kapereireglement) vom 22. Mai 1803 Art. 51 und 52, Gesetz vom 10. April

1825 Art. 10 und 16; vgl. Pistoye et Duverdy, Traité des prises 1858 S. 33 f; der Begriff der Piraterie ist in dieser Hinsicht notwendig enger als der den Strafbestimmungen des Gesetzes von 1825 (Art. 1-4) zu Grunde liegende (namentlich in Rücksicht auf Art. 4, Meuterei); für den Artikeln 1-3 des Gesetzes entsprechende Fälle liegen Entscheidungen vor, die das Schiff für gute Prise erklären (Dalloz, »Organisation maritime« in Band 34 des Répertoire de législation, 1869, 946, 955). Ferner Spanien, Ordonnanz vom 20. Juni 1801 Art. 28. So auch Bluntschli, Völkerrecht 3. Aufl. 346, 347. Vergleichbar sind die Bestimmungen des Quintuplevertrages und der Brüsseler Generalakte über die Zusprechung des genommenen Schiffes an das Nehmeschiff.

[39] In Italien Konfiskation des Schiffes durch das Strafurteil, dann Verkauf und Behandlung des Erlöses, als wäre es für gute Prise erklärt, Cod. per la mar. merc. Art. 334 Abs. 3 und 228 f. In England Kondemnation des Schiffes durch besonderes Urteil eines Admiralty Court, Belohnung der Beteiligten nach den für die Tätigkeit bei der Unterdrü-

ckung des Sklavenhandels geltenden Regeln, »An Act to repeal an Act of the Sixth Year of King George the Fourth, for encouraging the Capture or Destruction of Piratical Ships and Vessels; and to make other Provisions in lieu thereof«, 13 u. 14 Vict. c. 26 (1850). Aehnlich amerik. Rev. Stat. s. 4296 (3. März 1819) und 4297 (5. Aug. 1861).

[40] So verlangt amerik. Rev. Stat. s. 4297 nur Bestimmung des Schiffes zur Piraterie. Der Tatbestand der s. 4297 ist ein durchaus selbständiger und nicht krimineller.

[41] In Frankreich die Marinekriegsgerichte, Gesetz von 1825 Art. 17, Code de justice militaire pour l'armée de mer vom 4. Juni 1858 Art. 90. Desgl. in Spanien, Marinegerichtsverfassungsgesetz vom 10. Nov. 1894 Art. 7 No. 14. In Oesterreich die Militärgerichte bezüglich der von der Kriegsmarine eingebrachten Seeräuber, Gesetz vom 20. Mai 1869 § 1 No. 5.

[42] Nach Art. 19 des Gesetzes von 1825 sind für das Verfahren gegen »Complices« französischer Nationalität und, wenn gegen solche und die »Auteurs princi-

paux« gleichzeitig vorgegangen wird, für den ganzen Prozess die ordentlichen Gerichte zuständig. Nach österreichischem Rechte kommen nicht von der Kriegsmarine eingebrachte Seeräuber vor die ordentlichen Gerichte.

[43] In den Niederlanden, zuständig der Hooge Raad der Nederlanden, Art. 93 des Gerichtsverfassungsgesetzes vom 18. April 1827 in der Fassung des Gesetzes vom 26. April 1884 (zuständig für die Tatbestände der Art. 381-385, 388 und 389 des St. G. B. von 1881).

[44] S. o. N. 29. In England ist die Jurisdiktion über Piraten durch 7 u. 8 Vict. c. 2 s. 1 (1844) und 4 u. 5 Will. 4 c. 36 s. 22 (1834) den Assisen bezw. dem Central Criminal Court eröffnet, aber die der Admiralität (jetzt Admiralty Division des High Court of Justice) nicht formell beseitigt; s. Blackstone-Stephen, Commentaries on the laws of England 14. Aufl. IV S. 266 f., Harris, Criminal Law 10. Aufl. S. 309, Russell, Treatise on crimes 6. Aufl. I S. 268 und 263 Note o a. E. (»and by the Admiralty Court, thus constituted, the offence of piracy may now be tried«; »thus constituted«, d. h. zusammengesetzt nach 28 Hen. 8 c. 15,

1536, unter Mitwirkung einer Jury). In den Kolonieen Zuständigkeit der kolonialen Courts of Admiralty, Admiralty Offences (Colonial) Act, 1849 (12 u. 13 Vict. c. 96 s. 1) und Colonial Courts of Admiralty Act, 1890 (53 u. 54 Vict. c. 27).

[45] Mil. St. G. B. vom 15. Jan. 1855 § 490; Tod durch den Strang.

[46] England; für piracy iuris gentium Tod und forfeiture of lands and goods durch 28 Hen. 8 c. 15 (1536); so auch in allen Fällen der statutory piracy. Die Todesstrafe ist für sämtliche Fälle durch 7 Will. 4 u. 1 Vict. c. 88 s. 1 beseitigt, die forf. of lands and goods durch 33 u. 34 Vict. c. 23 überhaupt aufgehoben. Jetzt als Resultat aus 7 Will. 4 u. 1 Vict. c. 88 s. 3 und 20 u. 21 Vict. c. 3 s. 2 penal servitude bis auf Lebenszeit. Ein Teil der Litteratur bezieht 1 Vict. c. 88 s. 3 nicht auf die piracy iuris gentium, sodass durch das Gesetz zwar die bisherige Strafe aufgehoben, aber keine neue bestimmt wäre (so Stephen, Digest of the criminal law 6. Aufl. Art. 108, Russell, Treatise on crimes 6. Aufl. S. 263 N. o). Richtig u. a. Blackstone-Stephen a. a. O. IV S. 185, Kenny, Outlines of criminal law S. 316. Todesstrafe gegen pirates,

aber nicht für piracy in 7 Will. 4 u. 1 Vict. c. 88 s. 2. Ver. Staaten; die in der Akte vom 30. April 1790 und in allen späteren Bestimmungen über piracy angedrohte Todesstrafe ist durch die Akte vom 15. Januar 1897 beseitigt. — Das französische Gesetz von 1825 hat ein kompliziertes Strafensystem, Todesstrafe in sechs Fällen; auf piratische Akte im Sinne des Völkerrechts (Art. 2) steht Todesstrafe für die »commandants, chefs et officiers«, für die anderen Mitglieder der Besatzung lebenslängliche Zwangsarbeit; eine kaum mit Sicherheit lösbare, in der Litteratur anscheinend gar nicht behandelte Frage ist die der Einwirkung des Art. 5 der Konstitution vom 4. Nov. 1848, der die Todesstrafe »en matière politique« beseitigte, auf Art. 4 No. 2 und namentlich Art. 3 No. 2 des Gesetzes von 1825; Art. 75 Code pénal, von dem letztere Bestimmung ein Anwendungsfall, aber immerhin eigenartiger Natur, ist, wird allgemein zur matière politique gezählt. Die umfangreiche Spezialabhandlung von Viaud, La peine de mort en matière politique (Pariser These 1902) übergeht das Gesetz von 1825 mit Stillschweigen.

[47] Es ist die Form, in die sich nicht selten bei ihm neue, dem römischen Rechte widersprechende Rechtsgedanken kleiden.

[48] Einer Fortbildung der Lehre bei Pufendorf steht dessen These der Unzulässigkeit der Bestrafung fremder Staatsbürger entgegen.

[49] Loccenius, De iure maritimo a. a. O. S. 963: »a privatis invadi possunt ... salva tamen magistratui loci iurisdictione, et instructione de modo prosequendi piratas.«

[50] Auffälligerweise findet sich die Ansicht besonders in der deutschen Litteratur. Heffter, Völkerrecht 8. Aufl. § 104. (Der Sieger hat »Recht auf Leben und Tod«, wenn sie auf der Tat begriffen werden und von Waffen Gebrauch machen); Holtzendorff in seinem Rechtslexikon unter »Seeraub« (»auf frischer Tat überwältigt darf der Seeräuber sofort vom Leben zum Tode gebracht werden«); Perels, Internat. öffentl. Seerecht 2. Aufl. S. 119; Binding, Handbuch des Strafrechts S. 379 N. 6. Ferner Bluntschli, Völkerrecht § 348 für den Fall, dass das Handelsschiff nicht imstande ist, die Ge-

fangenen festzuhalten, so auch Pradier-Fodéré, Droit international § 2494 a. E.

[51] So Pradier-Fodéré, a. a. O. § 2491 a. E. und 2493 a. E.; Ortolan a. a. O. S. 233; Piédelièvre, Précis de droit international 1894 I S. 580; Wheaton, Eléments du droit international 5. Aufl. I S. 142; Wharton, Criminal Law 10. Aufl. § 1864.

[52] Dass der Staat völkerrechtlich verpflichtet sei, sie zu begründen oder nicht zu begründen, ist noch nirgends behauptet worden.

[53] So u. a. Gareis bei Holtzendorff Handbuch des Völkerrechts II S. 575; Ullmann, Völkerrecht S. 214; Rivier, Principes du droit des gens I S. 250.

[54] D. h. es fehlt eine von dem allgemeinen Rechte abweichende Spezialbestimmung; die (in der völkerrechtlichen Litteratur durchweg übersehene) Befugnis der vorläufigen Festnahme auf frischer Tat betroffener und fluchtverdächtiger Personen (§ 127 St. P. O.) steht natürlich auch Handelsschiffen zu.

[55] Rev. Stat. s. 4298 (5. Aug. 1861): »The President is authorized to instruct the commanders of the public armed vessels, ferner die Führer der Kaperschiffe,

or the commanders of any other suitable vessels, to subdue, seize, take, and, if on the high seas, to send into any port of the United States, any vessel or boat built, purchased, fitted out or held for the purpose of being employed in the commission of any piratical aggression.«

[56] Die Festnahmebefugnis eines selbst angegriffenen Handelsschiffes dürfte in jedem Landesrechte bestehen (Deutschland § 127 St. P. O.). Ob Art. 10 des französ. Gesetzes von 1825 sich auf diese oder auf ein allgemeines Festnahmerecht bezieht, ist nicht klar (für die wietere Auffassung Pistoye et Duverdy, Traité des prises S. 55 f; die französische Litteratur bringt im übrigen nur generelle Behauptungen, statt das eigene Landesrecht einer Prüfung zu unterziehen).

II. Die Grenzen zwischen Piraterie und Kaperei.

§ 1. Quellen.

Die Kaperei als Lebenserscheinung gehört der Vergangenheit an, [57] wenn sie auch als Rechtsinstitut noch in gewissem Umfange fortbesteht. In keinem der grossen Kriege seit Ausgang der napoleonischen Aera sind Kaper verwendet worden. Die letzten Kapereireglements sind im Anfange des 19. Jahrhunderts erlassen worden. [58] Eine Fortbildung des gewohnheitsrechtlichen Völkerrechts kann daher im 19. Jahrhundert kaum stattgefunden haben; zum mindesten spricht die Vermutung gegen sie.

Das Kapereirecht, wie es an der Wende des 18. und 19. Jahrhunderts in Geltung stand, ist in einer klassischen Monographie G. F. v. Martens [59] niedergelegt.

Die Darstellung kann sich nicht auf den Nachweis beschränken, dass die Fälle illegaler Kaperei, die man als Piraterie betrachtet hat, sich dem allgemeinen Pirateriebegriff entweder unterordnen oder aus ihm herausfallen, sondern es ist daneben zu prüfen, ob nicht spezielle Völkerrechtssätze für die einzelnen Fälle bestehen.

FUßNOTEN:

[57] Die hauptsächlichste Gewähr gegen ihr Wiederaufleben liegt in der modernen Einrichtung der »freiwilligen Flotte«, »Hilfsflotte«, vgl. auch spanisches Dekret vom 24. April 1898 (Rev. gén. d. dr. int. 1898 S. 761) Art. 4: »Le gouvernement espagnol, maintenant son droit de concéder des patentes de course, ... organisera, pour le moment, avec des navires de la marine marchande, des croiseurs auxiliaires de la marine militaire.«

[58] So das französ. Arrêté du Gouvernement vom 22. Mai 1803; span. Ordonnanz vom 20. Juni 1801.

[59] Versuch über Kaper, 1795. Die zahlreichen, meist tendenziösen, modernen Schriften über das Thema erreichen Martens' Abhandlung weder an Vollständigkeit noch an Durchdringung des Materials.

§ 2. Der Rechtszustand.

1. Piraterie und Kaperei.

Der historische und nicht anders der modern-systematische Gegensatz der Kaperei und der Piraterie besteht darin, dass die Kaperei, auf Grund einer speziellen staatlichen Autorisation betrieben, sich als eine innerhalb der völkerrechtlichen Gemeinschaft zulässige militärische Aktion moderner Staatsgewalt und damit als ein politisches Unternehmen darstellt. [60] Der Begriff einer »Kaperei ohne Autorisation« enthält eine contradictio in adjecto.

Schiffe, die in Kriegszeiten ohne staatliche Autorisation gegen den Feind auf Seebeute ausgehen, stehen danach unter dem allgemeinen Piraterierecht. Beschränken sie ihre Hostilitäten auf Fahrzeuge feindlicher Nationalität, so können sie nicht als Piraten angesehen werden. [61] Hieran kann sich, sofern sie sich nur in den Grenzen der politischen Aktion halten, auch dadurch nichts ändern, dass sie neutralen Schiffen gegenüber die Rechte Kriegführender ausüben. Der Kriegsgegner darf sie in völkerrechtlicher Freiheit zur Verantwortung ziehen, auch ihre Handlungen landesrechtlich als Piraterie bezeichnen; [62] der Heimatstaat ist völkerrechtlich verbunden, ihre Aktion zu verhindern. [63] Dritten Staaten steht ein Eingriffsrecht nicht zu. [64]

Ein Schiff, das sich von beiden kriegführenden Staaten zur Kaperei autorisieren lässt, kann nicht als Kaper angesehen werden, da seine Aktion eines in ihr objektivierten politischen Zweckes vollständig ermangelt. Seine Hostilitäten sind gegen prinzipiell alle Nationen gerichtet; wenn es neutralen Staaten gegenüber seine Räubereien auf Wegnahme von Kriegskontrebande beschränkt, so ist offenbar die Absicht nur, einen längeren ungestörten Fortgang des Treibens zu ermöglichen. Das Schiff ist demnach Pirat. [65]

FUßNOTEN:

[60] G. F. v. Martens § 5 u. 6 (»sofern man also den Unterschied zwischen unsern Kapern und den Seeräubern darin setzt, dass erstere mit besonderer Erlaubnis einer kriegführenden Macht versehen sind ...«).

[61] Wheaton, Eléments du droit international 5. Aufl. II S. 18; Kenny, Outlines of criminal law S. 316 (»Even though their action be spontaneous and without any commission at all from the Power

whose interests they serve«); Piédelièvre, Précis de droit international I S. 585. Abw. v. Liszt, Völkerrecht 3. Aufl. S. 335.

[62] Es ist geschehen im ital. Cod. p. l. mar. merc. Art. 322 (»senza essere provveduta di lettere di marco«, eine Voraussetzung, die die einer Autorisation als das Kleinere einschliesst) und im brasil. St. G. B. Art. 105 § 1, während z. B. das französ. Gesetz von 1825 eine dahin gehende Bestimmung nicht enthält (Art. 2 No. 2: »un navire ... étranger, lequel, hors l'etat de guerre, ... commettrait lesdits actes envers des navires français ...«).

[63] Denn sie widerspricht den Kriegsgesetzen. Preuss. Allgem. Landrecht I, 9 § 206 (noch geltend): »Wer ohne diese [Kaperbriefe] auf Kaperey ausgeht, wird als ein Seeräuber angesehen«; so auch holländ. Gesetz von 1597 (Baud, Proeve eener geschiedenis der strafwetgeving tegen de zeerooverij 1854 S. 79 f.) und darauf gestützt Bynkershoek, Quaest. Jur. Publ. L. I C. XVII.

Im allgemeinen betrachtet der Heimatstaat das Schiff nicht als Piraten, vgl.

französ. Gesetz von 1825 Art, 2 No. 1 (Gewaltakte französischer Schiffe Piraterie nur, wenn gerichtet »envers des navires français ou des navires d'une puissance avec laquelle la France ne serait pas en état de guerre«) und brasil. St. G. B. Art. 104 § 1. Ital. Cod. p. l. mar. merc. Art. 322 Abs. 2 und span. St. G. B. von 1870 Art. 155 Abs. 2 bezeichnen zwar die Handlungen als piratische, stellen aber einen wesentlich milderen Strafrahmen für sie auf; das spanische St. G. B. von 1848 liess sie noch straflos. Ueber das englische Recht siehe folgende Note.

[64] Strafbarkeit ausgeschlossen im französischen (s. N. 62), italienischen (Cod. p. l. mar. merc. Art. 321, Gewalthandlungen fremder Schiffe nur, wenn »fuori dello stato di guerra« begangen, als Piraterie bezeichnet und strafbar) und brasilischen (St. G. B. Art. 165 § 1) Rechte. Dem entgegengesetzt scheinen die Queens Regulations von 1899 Art. 450 (und ähnlich schon die Naval Reg. von 1787 und 1826, bei Halleck Int. Law hrsgg. von Baker 1878 II S. 12 Note 1): »Should any armed vessel, not having a Commission of War ... from a Foreign

de facto Government, commit piratical acts and outrages against the vessels and goods of Her Majesty's subjects, or of the subjects of any other Foreign Power in amity with Her Majesty ... such vessel is to be seized ...«; wenn aber, wie daraus ersichtlich, das englische Recht den Angriff fremder Schiffe auf Feinde Englands nicht als Piraterie betrachtet, so kann es sich nicht wohl berufen fühlen, ihre Hostilitäten gegen Feinde ihrer eigenen Nation als solche zu reprimieren.

[65] So die durchaus herrschende Meinung. G. F. v. Martens, Kaper § 14; Nau, Grundsätze des Völkerseerechts 1802 S. 395; Perels a. a. O. S. 174; Ortolan a. a. O. I S. 246; Wheaton a. a. O. I S. 142; Phillimore, International Law 3. Aufl. I S. 503; Hall, International Law 5. Aufl. (1904) S. 262; u. a. m. Abweichend Pradier-Fodéré a. a. O. § 2506; Gareis bei Holtzendorff a. a. O. II S. 581. Der Fall ist besonders genannt im niederl. St. G. B. Art. 381 Abs. 2.

2. Völkerrechtswidrige Autorisierung.

Völkerrechtswidrige Autorisierung setzt den autorisierenden Staat allen Folgen der

Verletzung der loi de guerre aus. Das autorisierte Schiff, als ein völkerrechtswidriger Bestandteil der Streitkräfte, entbehrt (nicht anders als etwa autorisierte Francstireurs) des Schutzes der Kriegsgesetze; der Kriegsgegner kann seine Besatzung strafrechtlich verantwortlich machen. Piraterie im Sinne des Völkerrechts ist nicht gegeben.

Es gehören hierher vornehmlich die Autorisation ohne Ausstellung eines Kaperbriefes [66] und jede Autorisation in einem Kriege zwischen Staaten, die der Pariser Seerechtsdeklaration beigetreten sind. [67] Ueber die Autorisation von Schiffen fremder Nationalität siehe unten § 3.

FUßNOTEN:

[66] Die Autorisation ist rechtsförmig, Ausserachtlassung der Form eine Völkerrechtsverletzung. Wie der Text G. F. v. Martens, Précis § 288: »Celui qui, sans lettres de marque, commettrait des hostilités sur mer, peut être puni comme pirate, tant par l'ennemi que par son souverain«; so auch Kaper § 10. Das englische (s. N. 64), italienische (N. 62) und brasilische (N. 62) Recht erklären den Kriegsgegner ohne Kaperbrief für einen Piraten; nach deutschem Rechte

würden die Bestimmungen des St. G. B. über Mord, Raub u. s. w. Anwendung finden.

[67] Piraterie soll vorliegen nach Saripolos, Griechisches Strafrecht 1870 § 561 [Griechisch: g] und Senly, La piraterie, Pariser These 1902 S. 79. Dagegen betrachten v. Liszt, Völkerrecht S. 336, und Piédelièvre a. a. O. I S. 585, den Kaper selbst als überhaupt nicht verantwortlich. Richtig Revue générale d. dr. int. IV, 1897, S. 695: »L'abolition de la course aurait eu pour effet de permettre à chacun d'eux [Griechenland und der Türkei] de considérer les corsaires de l'autre comme pirates.«

3. Völkerrechtswidriges Verhalten des Kapers.

Nach dem allgemeinen Grundsatze, dass Verletzung der Kriegsgesetze den Schuldigen für die verletzende Handlung ihres Schutzes beraubt, kann ein Kaper, der ausserhalb des Schauplatzes des Seekrieges Beute macht [68] oder der Prisen verheimlicht, [69] von dem Kriegsgegner strafrechtlich verfolgt werden. Wegnahme neutraler Schiffe kann nach dem Landesrecht des verletzten neutralen Staates strafbar sein, doch ist derselbe zur Festnahme des Kaperschiffes nur nach den allgemeinen Grundsätzen des Rechtes der Intervention in fremdem Staatsgewaltgebiet befugt. [70] Fortsetzung der Aktion nach Ablauf oder Zurücknahme des Markbriefes oder nach Beendigung des Krieges steht unter denselben Regeln wie die nicht autorisierte Beutefahrt (s. oben 1). [71] Piraterie im Sinne des Völkerrechts ist an sich keiner dieser Fälle. [72]

Sehr zweifelhaft ist die Frage der Behandlung eines Kapers, der für mehrere Verbündete oder doch nicht miteinander im Kriege befindliche Mächte gleichzeitig tätig ist. [73] Dem allgemeinen Pirateriebegriff ordnet sich ein solches Verhalten nicht unter; aber nach dem französischen, spanischen, italienischen, brasilischen und dem älteren niederländischen Rechte [74] könnte es scheinen, als sei es durch speziellen völkerrechtlichen Rechtssatz der Piraterie gleichgestellt. Die Litteratur betrachtet durchweg die mehrfache Autorisierung als einen nicht zu duldenden Missstand; als Piraten sieht sie den Kaper entweder gar nicht [75] oder nur dann an, wenn die Markbriefe nicht von dem Heimatstaat und dessen Kriegsverbündeten ausgestellt sind. [76]

Die mit der mehrfachen Kommissionierung verbundene Führung mehrerer Flaggen begründet kein internationales seepolizeiliches Eingriffsrecht. [77]

FUßNOTEN:

[68] G. F. v. Martens, Kaper § 18 (bei Wegnahme von Schiffen in den Flüssen des Feindes wird der Kaper nicht »als rechtmässiger Feind angesehen, sondern als Seeräuber gestraft«) und dort Note o Nachweisungen über das Landesrecht; Baud a. a. O. S. 95 f. (niederl. Placaat vom 24. Febr. 1696 und mehrere spätere setzen Todesstrafe auf das blosse Eindringen feindlicher Kaper in die niederländischen Flüsse); Wheaton a. a. O., II S. 87.

[69] G. F. v. Martens, Kaper § 10; Perels S. 174.

[70] Nicht Piraterie (kein Einschreiten des neutralen Staates) Wheaton a. a. O. I S. 141; Kent, Int. Law, hrsgg. von Abdy, 2. Aufl. S. 409; Phillimore a. a. O. I S. 503; Ortolan a. a. O. I S. 239; Pradier-Fodéré a. a. O. § 2503; Piédelièvre a. a. O. I S. 584. Der Heimatstaat ist völkerrechtlich verantwortlich, wenn die Verfolgung der Entschädigungsansprüche der Neu-

tralen vor seinen Gerichten nicht zum Ziele führt, amerikanisch-englischer Schiedsvertrag vom 19. Nov. 1794 Art. 7 (La Fontaine, Pasicrisie internationale, 1902, S. 5).

[71] Nicht Piraterie Bynkershoek, Quaest. Jur. Publ. I, XVII; Fiore, Droit int. 1885 § 495; Abw. Rivier a. a. O. II S. 259.

[72] Doch bedrohen brasil. St. G. B. Art. 104 § 2 und niederl. St. G. B. Art. 381 Abs. 2 Ueberschreitungen der Kommission ganz allgemein (nicht in Beschränkung auf Verletzungen der eigenen Interessen) als piratische Akte. Perels, a. a. O. S. 173 f. und 110, bezeichnet die im Text beschriebenen Tatbestände als »Quasipiraterie«, ohne sich über die Rechtsfolgen (ob internationale Verfolgung) näher auszulassen.

[73] Eine Aeusserung darüber, ob sich der autorisierende Staat einer Völkerrechtsverletzung schuldig mache, sucht man in der Litteratur vergeblich; auch das Landesrecht ergibt nichts darüber.

[74] Französ. Ordonnanz von 1681 Buch III Tit. IX Art. 5: »Tout Vaisseau ... ayant Commission de deux differens Princes ou Estats, sera ... de bonne prise; et s'il

est Armé en Guerre, les Capitaines et Officiers seront punis comme Pirates«, ähnlich Kapereireglement vom 22. Mai 1803 und jetzt Gesetz von 1825 Art. I No. 2. Span. Kapereiordonnanz von 1801 Art. 27. Ital. Cod. p. l. mar merc. Art. 325. Brasil. St. G. B. Art. 105 § 3. Niederl. Placaat vom 29. Januar 1658 (Baud a. a. O. S. 91). Die Bestimmungen beziehen sich auch auf ausländische Schiffe und Nichtuntertanen. Doch zwingt der ganze Komplex von Vorschriften nicht unbedingt zu der Annahme, dass ihm die Auffassung der Gleichheit des Tatbestandes mit dem der Piraterie zu Grunde liegt. Denn die prisenrechtlichen Vorschriften (französ. Ordonnanz von 1681 und Kapereireglement von 1803, span. Ordonnanz von 1801) denken wohl daran, dass sich die mehrfache Kommissionierung bei der Kontrolle fremder Kaper durch französische bezw. spanische Kriegsschiffe (über die Zulässigkeit einer solchen Ueberwachung vgl. Hall a. a. O. S. 256) herausstellt; und die strafrechtlichen setzen nicht notwendig Inanspruchnahme eines Aufbringungsrechtes in einem ihnen entsprechenden Umfange voraus.

[75] G. F. v. Martens, Kaper § 14; Phillimore a. a. O. I S. 503; Pradier-Fodéré a. a. O. § 2506; auch Perels a. a. O. S. 174.

[76] So Ortolan (im Zusammenhang mit seiner Ansicht, dass Kaperei durch ein nicht dem autorisierenden Staate angehöriges Schiff Piraterie sei) a. a. O. I S. 240; wie er Calvo, Droit international 4. Aufl. § 496. Bynkershoek, Quaest. Jur. Publ. I, XVII (im Anschluss an die niederländische Gesetzgebung, s. N. 74) und Rivier, a. a. O. II S. 259, scheinen allgemein Piraterie anzunehmen.

[77] Nicht einmal dem Staate, dessen Nationalflagge missbräuchlich geführt wird, steht die Befugnis der Kontrolle auf hoher See zu, vgl. die Schlussbestimmung in § 3, b der deutschen Verordnung vom 21. Aug. 1900 (die Kriegsschiffe haben die unbefugte Führung der Nationalflagge zu verhindern) in Verbindung mit den »Bestimmungen für den Dienst an Bord« von 1903 § 23 No. 11, f. (Einschreiten auf Grund der Verordnung auf hoher See nur gegen deutsche Handelsschiffe). Beiläufig hat die erwähnte Bestimmung des § 3, b in dem § 22 des Flaggengesetzes von 1899, in dessen

Ausführung die Verordnung von 1900 ergangen ist, keine Grundlage.

§ 3. Verwendung dem autorisierenden Staate nicht angehörender Kaper.

Eine besondere Beachtung hat auch in der neueren Litteratur die Frage gefunden, in welcher Rechtslage sich ein von einem anderen als seinem Heimatstaate autorisierter Kaper befindet. Die Meinungen sind sehr geteilt. Man sah bis ins 19. Jahrhundert hinein allgemein und sieht auch heute sehr häufig die Autorisierung für vollkommen legal an; [78] betrachtet man sie als illegal, so lässt man entweder nur die normalen Rechtsfolgen völkerrechtswidriger Kommissionierung (s. v. § 2, 2) eintreten, [79] oder aber man erklärt den Kaper für einen Piraten im Sinne des Völkerrechts. [80]

Für die Entscheidung der Rechtsfrage ist ihre genaue Trennung von einer anderen, mit der sie in der neueren Litteratur regelmässig vermischt wird, von grösster Bedeutung. Es ist die, ob eine Regierung, die ihren Untertanen gestattet, fremde Kaperbriefe anzunehmen, sich einer Neutralitätsverletzung schuldig mache. [81] Ihre Bejahung oder Verneinung präjudiziert einer Stellungnahme zu der Frage der Behandlung des Kaperschiffes in keiner Weise, so wenig wie die Tatsache der Anwerbung im Gebiet einer neutralen Macht, der Ausrüstung in einem neutralen Hafen für die Entscheidung der Frage bestimmend ist, ob die Handlungen eines Truppenkörpers oder eines Kriegsschiffes nach der loi de guerre strafrechtlicher Ahndung entzogen sind. Nicht die Neutralitätsverletzung des Heimatstaates, sondern nur die Völkerrechtswidrigkeit der Handlungsweise des autorisierenden Staates kann der Anerkennung des Kapers als eines rechtmässigen Feindes entgegenstehen. Die überaus zahlreichen landesrechtlichen Bestimmungen, die den eigenen Untertanen die Annahme fremder Kaperbriefe verbieten, scheiden schon aus diesem Grunde für eine Betrachtung der Rechtsstellung des Kaperschiffes gegenüber dem Kriegsgegner und dritten Nationen völlig aus. [82][83]

Das hiernach für die Erkenntnis des völkerrechtlichen Rechtszustandes verbleibende gesetzliche und diplomatische Material besteht, soweit wir sehen, aus zwei niederländischen Gesetzen aus dem 17. Jahrhundert (holländisch-portugiesischer und holländisch-englischer Krieg), [84] englischen und französischen Verwaltungsordnungen vom

Ende des 18. bezw. dem Anfang des 19. Jahrhunderts (französisch-englische Kriege), [85] einem Schreiben des französischen Admirals Baudin an den mexikanischen Kriegs- und Marineminister vom 8. Januar 1839 (französisch-mexikanischer Krieg), [86] dem amerikanischen Gesetze vom 3. März 1847, Rev. Stat. s. 5374 (amerikanisch-mexikanischer Krieg) [87] und dem Art. 7 des spanischen Dekrets vom 24. April 1898 (spanisch-amerikanischer Krieg). [88]

Aus diesem Material ergibt sich eins mit aller Sicherheit: dass die autorisierte Kaperei eines nicht dem autorisierenden Staate angehörenden Schiffes nicht Piraterie im Sinne des Völkerrechts ist. Die Dokumente sind sämtlich Erklärungen kriegführender Staaten an den Feind; sie enthalten die Drohung, angeblich völkerrechtswidrige Bestandteile der feindlichen Seestreitkräfte nach Strafrecht zu behandeln. [89] Von einem internationalen Schutz gemeinsamer Interessen ist gar nicht die Rede.

Es bleibt noch die Frage, [90] ob der den angeführten Entschliessungen einzelner Mächte zu Grunde liegende Gedanke der Völkerrechtswidrigkeit der Autorisierung fremder Schiffe in der Tat geltendes Völkerrecht ist. Die alten holländischen Gesetze haben offenbar nicht vermocht, die Ansicht der völkerrechtlichen Zulässigkeit der durch sie bedrohten Handlungen dauernd zu beinflussen (s. oben Note 78); noch die britischen und französischen Prätensionen an der Wende des 18. und 19. Jahrhunderts wurden als ein Verstoss gegen »settled principles of international law« empfunden (s. oben Note 85); das amerikanische Gesetz von 1847 beschränkt sich auf die Kriminalisierung des Tatbestandes für den Fall, dass der Heimatstaat des Täters vertragsmässig die Strafwürdigkeit zugestanden hat, [91] scheint ihn also im allgemeinen nicht für widerrechtlich zu halten; die in der Tat allgemeine Drohung Baudins 1839 galt einem — zu damaliger Zeit — zerrütteten und für ein legales Vorgehen von ihm herangezogener fremder A-benteurer keinerlei Garantieen bietenden Staate; und der gleichfalls allgemeine Artikel des spanischen Dekrets von 1898 endlich war von vornherein unpraktisch. Die Frage spitzt sich schliesslich dahin zu, ob man die Haltung Frankreichs 1839 und die Spaniens 1898 als genügenden Ausdruck einer allgemeinen völkerrechtlichen opinio necessitatis betrachten und zugleich darin einen für die Entstehung eines Gewohnheitsrechtes ausreichenden usus sehen will. [92] In der Erwägung, dass auch die neutralen Mächte an dem

Rechtszustande interessiert sind, da sie die Ausübung der Rechte der Kriegführenden gegenüber ihren Schiffen durch unrechtmässige Bestandteile der Streitmacht nicht zu dulden brauchen, dass aber autoritative Erklärungen Neutraler über die Unzulässigkeit der Verwendung fremder Kaper gänzlich fehlen, wird man sie verneinen müssen.

Allgemeine völkerrechtliche Grundsätze stehen dieser Entscheidung nicht entgegen. Deklamationen über das Prinzip des Krieges als eines die ganze nationale Kraft, aber auch nur diese anspannenden Kampfes der Nationen, wie sie Ortolan bringt, der erste Verfechter der Ansicht, die in dem nicht staatszugehörigen Kaper einen Piraten nach Völkerrecht sehen will, können das positive Völkerrecht nicht beseitigen, das die Verwendung fremder Schiffe so wenig untersagt wie den Kriegsdienst nicht staatsangehöriger Personen. [93] Zuzugeben ist Ortolan nur, dass dem nicht dem kriegführenden Staate angehörigen an der militärischen Aktion teilnehmenden Schiffe, da es den Schutz seines Heimatstaates nicht beanspruchen kann, ein wahrer nationaler Charakter fehlt; aber es ist anzunehmen, dass es für die Zeit der Kommissionierung zu dem autorisierenden Staate gegenüber dritten

Mächten in demselben völkerrechtlichen Verhältnis steht wie dessen Nationalschiffe. [94]

FUßNOTEN:

[78] Vattel, Droit des gens L. III C. XV § 229; G. F. v. Martens, Kaper § 13 (»nichts hindert, auch Untertanen neutraler, oder alliirter Mächte Markbriefe zu geben, wenn diese in dem Fall sind, sie nachsuchen zu können«); Pradier-Fodéré, a. a. O. § 2505; Kent, Intern. Law S. 410; Hall a. a. O. S. 262 f. (»some writers hold, that usage ought to be modified«); Halleck a. a. O. I S. 398 Note.

[79] Der Gegner kann die Besatzung strafrechtlich verantwortlich machen; so Phillimore a. a. O. I S. 504: »That such a vessel is guilty of a gross infraction of International Law, that she is not entitled to the liberal treatment of a vanquished enemy, is wholly unquestionable; but it would be difficult to maintain that the character of piracy has been stamped upon such a vessel by the decision of International Law.«

[80] Perels a. a. O. S. 172 f.; Ortolan a. a. O. I S. 243 f.; Bonfils Manuel de droit public 5. Aufl., hrsgg. von Fauchille, 1905 § 1273; Rivier a. a. O. II S. 259.

[81] Die Frage ist zu bejahen. So G. F. v. Martens, Kaper § 13 (»da es aber der Neutralität nicht gemäss ist, zu gestatten, dass Untertanen durch dergleichen Capereyen den einen kriegführenden Teil unterstützen und dem anderen schaden, so verbieten alle Staaten überhaupt Markbriefe von einer fremden Macht ohne Erlaubnis ihres Souverains anzunehmen, und viele Verträge verpflichten sie sogar, ... ihren Untertanen dieses zu untersagen.« Er fährt fort: »Gleichwohl ist die kriegführende Macht, wider welche sie solche Markbriefe erlangt hätten, nicht berechtigt, sie als Seeräuber zu behandeln«); Heffter a. a. O. § 148.

[82] Vgl. N. 81. Sie haben den Sinn der Erfüllung einer Neutralitätspflicht, doch wird namentlich den älteren auch das rein egoistische Interesse der Erhaltung der Schiffe für den eigenen Staat zu Grunde liegen. Dass die Bestimmungen nicht zur Begründung der Ansicht herangezogen werden können, die Piraterie im Sinne des Völkerrechts behauptet, ergibt mit aller Klarheit der häufige Zusatz: »ohne Erlaubnis der Regierung« und dann die Tatsache, dass

überhaupt nur ein Teil von ihnen die Handlung als Piraterie bezeichnet. Solche Verbote sind: Französ. Ordonnanz von 1681 L. III Tit. IX Art. 3 (»défendons à tous nos Sujets de prendre Commission d'aucuns Roys ... estrangers, pour ... courir la Mer sous leur Banniere, si ce n'est par nostre permission, à peine d'estre traitez comme Pirates«); niederl. Placaaten von 1611, 1653 und sonst; englische Verbote im 17. Jahrhundert (Leoline Jenkins bei Phillimore a. a. O. I S. 492: »'Tis a crime in an Englishman to take commission from any foreign prince, that is in open war with another prince or State ... since his Majesty hath forbid it by various proclamations.« Aber: »Yet if a man do take such a commission, or serve under it, then 'tis no robbery to assault, subdue, and despoil his lawful enemy«); s. auch die Angaben bei G. F. v. Martens, Kaper § 13 Note s. Aus neuerer Zeit: englische Foreign Enlistment Act, 1870, s. 4; amerik. Rev. Stat. s. 5281 f. (Neutralitätsakte vom 20. April 1818); französ. Gesetz von 1825 Art. 3 No. 1; span. Kapereiordonnanz von 1801 Art. 29; brasil. St. G. B. Art. 104 § 6 (in den drei letztgenannten Gesetzen ist der Tatbestand als Piraterie bezeichnet); niederl. St. G. B. Art. 388; und implicite alle Landesgesetze, die den Eintritt in fremde Kriegsdienste allgemein untersagen. Besonders erwähnt ferner in zahlreichen Neutralitätserklärungen (verschiedenen rechtlichen Charakters), so z. B. österr. Erlass vom 25. Mai 1854 (Annahme von Kaperbriefen soll als Versuch des Raubes betrachtet werden) und ähnlich 11. Mai 1859, ital. Dekrete vom 6. April 1866 und 26. Juli 1870. Das Geltungsgebiet der Verbote ist verschieden, z. B. ist die amerik. Neutralitätsakte von 1818 auf innerhalb des amerikanischen Territoriums, die engl. For. Enl. Act, 1870, auf von englischen Untertanen begangene Handlungen anwendbar. — Das englische und das amerikanische Recht haben zur Begründung unbeschränkter Strafkompetenz Feindseligkeiten englischer bezw. Amerikanischer Untertanen gegen ihr Vaterland »under colour of any commission from any foreign prince« für piracy erklärt, 11 u. 12 Will. 3 c. 7 s. 8 (1698), 18 Geo. 3 c. 30 (1744), am. Rev. Stat. s. 5373 (30. April 1790); der Tatbestand ist ein Fall des Landesverrats.

[83] Häufig haben einzelne Mächte sich vertragsmässig verpflichtet, ihren Untertanen die Annahme fremder Kaperbriefe zu verbieten, wobei mehrfach, aber nicht einmal in der grösseren Zahl der Fälle, der reprobierte Tatbestand als Piraterie qualifiziert wurde. Wie man aus diesen Verträgen herauslesen will, dass jeder nicht nationale Kaper Pirat im Sinne des Völkerrechts sei (Bonfils a. a. O. § 1273), ist ganz unerfindlich. Die älteren Verträge siehe bei G. F. v. Martens, Kaper § 13 Note t, die neueren bei Pradier-Fodéré a. a. O. § 2505.

[84] Placaat vom 29. Juli 1661, Verbot an jeden Nichtportugiesen, auf portugiesischen Kaperschiffen Dienst zu tun, bei Strafe als Seeräuber behandelt zu werden, und vom 11. März 1665, ebenso gegenüber England (Baud a. a. O. S. 92, 94).

[85] Mr. Randolph, Sec. of State, to Mr. Hammond, 23. Okt. 1794 (Wharton, Int. Law 2. Aufl. § 383): »The British position that American citizens employed on French privateers in the war with revolutionary France were pirates, is in conflict with settled principles of international law.« Mr. Madison, Sec. of State, report

25. Januar 1806 (Wharton a. a. O.): »The French decree of June 6, 1803, importing that every privateer of which two-thirds of the crew should not be natives of England, or subjects of a power the enemy of France, shall be considered a pirate, is in contravention of the law of nations.«

[86] »Je dois faire connoître à V. E. qu'afin d'empêcher, dans l'intérêt du commerce de toutes les nations, qu'un système de piraterie et de brigandage ne s'organise sous le pavillon mexicain, j'ai donné ... aux capitaines des navires de guerre sous mes ordres des instructions dont voici l'extrait:

>Ne seront considérés comme mexicains que les navires armés dans un des ports du Mexique, pourvus d'une lettre de marque régulière, émanée directement du gouvernement de ce pays, et dont le capitaine et les deux tiers de l'équipage au moins seront nés mexicains.

Tout corsaire, sous pavillon mexicain, qui ne satisferait pas à ces conditions, sera considéré comme pirate, et, comme tel, traité avec toute la sévérité des lois de la guerre<« (Ortolan a. a. O. I S. 449).

[87] »Every subject or citizen of any foreign state, who is found and taken on the sea making war upon the United States, or cruising against the vessels and property thereof, or of the citizens of the same, contrary to the provisions of any treaty existing between the United States and the state of which offender is a citizen or subject, when by such treaty such acts are declared to be piracy, is guilty of piracy, and shall suffer death.« Vorgeschlagen durch Botschaft des Präsidenten vom 8. Dez. 1846 (bei Ortolan a. a. O. I S. 242 N. 1), weil die Gefahr der Annahme mexikanischer Kaperbriefe durch spanische Untertanen bestand (entgegen Art. 14 des spanisch-amerikanischen Vertrages vom 20. Okt. 1795).

[88] »Seront considérés et jugés comme pirates, avec toute la rigueur des lois, les capitaines, patrons officiers des navires qui, n'étant ni nord-américains, ni montés par un équipage aux deux tiers américains, seront capturés exerçant des actes de guerre contre l'Espagne, même s'ils sont pourvus de lettres de marque délivrées par la République des Etats-Unis« (Revue générale d. dr. int. V, 1898, S. 761 N. 1).

[89] Vgl. auch Pradier-Fodéré a. a. O. § 2505: »Il est bien évident qu'un Etat ... assimilant aux pirates les nationaux de Puissances étrangères avec lesquelles il est en paix, qui prendraient d'Etats tiers des commissions en course contre lui ..., pourvoit à sa propre défense, à sa propre sûreté, mais ne peut pas imposer aux Puissances étrangères, qui n'ont pas les mêmes intérêts que lui, les dispositions des lois qu'il a faites.«

[90] Das Folgende gehört streng genommen schon nicht mehr zur Abgrenzung von Piraterie und Kaperei.

[91] S. o. N. 87. Pradier-Fodéré a. a. O. § 2504 und Hall a. a. O. S. 263, übersehen auffälligerweise diese wesentliche Beschränkung. — Das Gesetz ist nicht leicht verständlich. Ist die Erteilung der Kaperbriefe unzulässig, so liegt kein Grund vor, die Strafdrohung auf Fälle zu beschränken, in denen der Heimatstaat sich seinerseits verpflichtet hat, die Annahme durch seine Untertanen zu verhindern; ist sie zulässig, so ist der Empfänger der Kommission als rechtmässiger Feind zu behandeln. Pradier-Fodéré, § 2505, und Travers Twiss, Int. Law 2. Aufl. II S. 419, betrachten denn

auch (unter Zugrundelegung der zweiten Alternative) die Bestrafung der Besatzung trotz Bestehens eines Vertrages des in dem amerikanischen Gesetze bezeichneten Inhalts als völkerrechtswidrig. Ihrer Ansicht dürfte beizutreten sein. Doch ist zu beachten, dass die Behandlung des Kapers nach droit de guerre nur dem Kriegsgegner, nicht auch dem Heimatstaate des Kapers gegenüber rechtswidrig ist, da dieser durch den Vertrag gebunden ist, sein Schutzrecht nicht auszuüben; die Beschränkung des amerikanischen Gesetzes hat also immerhin einen guten Sinn.

[92] Die französische und die spanische Erklärung differieren darin, dass die Forderung nationaler Bemannung in der einen absolut, in der anderen alternativ mit der der Staatsangehörigkeit des Schiffes aufgestellt wird. Die Note Baudins, nach Inhalt und Ton ein Produkt europäischen Ueberlegenheitsgefühles, droht, auch mexikanische und mit Inländern bemannte Kaperschiffe als Piraten zu behandeln, wenn sie nicht in Mexiko ausgerüstet sind.

[93] Ortolan a. a. O. I S. 243: »Comment, tandis que l'état reste neutre, les sujets

particuliers de cet état prendraient — ils partie pour l'un ou pour l'autre des belligérants?« Das Völkerrecht hat allerdings nichts dagegen einzuwenden.

[94] So Hall a. a. O. S. 263, 264; Pradier-Fodéré a. a. O. § 2504 (»ce navire est couvert, du moins vis-à-vis des Puissances tierces, par la commission qu'il a obtenue«).